ÉTUDES LÉGISLATIVES ET JUDICIAIRES

XVII

DU NOTARIAT

EN ALGÉRIE

PAR

UN MAGISTRAT ALGÉRIEN

> En France, le notariat est entouré d'une juste
> considération, fruit de traditions d'honneur et
> de probité religieusement suivies, de grands
> services rendus et d'une solide organisation due
> à des règlements éprouvés par une longue pra-
> tique, presque tous puisés et consacrés dans la
> loi du 25 ventôse an XI.
>
> Pourquoi n'en serait-il pas de même en Al-
> gérie?
>
> *Un Notaire parisien.*

ALGER

TYPOGRAPHIE ED. BALME ET Cⁱᵉ

Rue des Trois-Couleurs, 19

1862

ÉTUDES LÉGISLATIVES ET JUDICIAIRES

XVII

DU NOTARIAT

EN ALGÉRIE

PAR

C. FRÉGIER

PRÉSIDENT DU TRIBUNAL DE 1re INSTANCE DE SÉTIF

> En France, le notariat est entouré d'une juste considération, fruit de traditions d'honneur et de probité religieusement suivies, de grands services rendus et d'une solide organisation due à des règlements éprouvés par une longue pratique, presque tous puisés et consacrés dans la loi du 25 ventôse an XI.
> Pourquoi n'en serait-il pas de même en Algérie ?
>
> *(Un Notaire anonyme.)*

ALGER

TYPOGRAPHIE ED. BALME ET Cie
Rue des Trois-Couleurs, 19

1862

PRÉFACE

En France, le notariat est entouré d'une juste considération, fruit de traditions d'honneur et de probité religieusement suivies, de grands services rendus et d'une solide organisation due à des règlements éprouvés par une longue pratique, presque tous puisés et consacrés dans la loi du 25 ventôse, an XI.

Pourquoi n'en serait-il pas de même en Algérie ?

(*Un notaire anonyme.*)

Le 5 floréal an XI (25 avril 1803), le ministre de la justice, dans une circulaire relative à l'exécution de la loi du 23 ventôse de la même année, sur le notariat, d'sait aux commissaires du gouvernement près les tribunaux de la république « qu'il fallait surtout donner de la *consistance* et de la *considération* aux notaires, ces fonctionnaires qui ont des communications journalières avec les citoyens de toutes les classes et dont l'intervention dans les affaires de famille est si fréquente et si indispensable. »

De la consistance et de la considération ! Grâce à la loi de ventôse si justement nommée le code des notaires, le notariat jouit de ces deux avantages en France.

Nous voudrions en dire autant du notariat de l'Algérie ?

A notre avis, l'arrêté ministériel du 30 octobre 1842,

qui est le code de nos notaires, ne leur donne suffisamment ni l'un ni l'autre de ces avantages.

Et pourtant, moins encore peut-être que les notaires de France, les notaires d'Algérie ne *doivent* ni ne *peuvent* en être exclus.

Cette étude a pour but de signaler cette situation, et d'en provoquer la réforme.

Si, comme l'a proclamé tout récemment et avec tant d'autorité le président du Conseil général d'Alger (1), tout, dans les institutions de l'Algérie, doit tendre vers le droit commun, il ne sera sans doute pas inutile de montrer en quoi le notariat s'en approche, en quoi il s'en éloigne, comment il pourrait atteindre ce but.

Pour cela, nous n'aurons qu'à dire ce qu'il a été, ce qu'il est et ce qu'il doit être.

Nous raconterons son histoire, nous comparerons sa loi organique actuelle avec celle du notariat français, et comme dans nos précédentes études, aidé du raisonnement et de l'expérience, nous esquisserons son avenir.

Ce travail est la suite naturelle, le corrollaire de notre *Barreau* et de notre *Inamovibilité judiciaire en Algérie.*

Comment, en effet, demander pour notre pays les mêmes avocats, les mêmes magistrats qu'en France, sans demander en même temps et nécessairement les mêmes notaires.

(1) M. le Premier Président de Vael.

Ainsi le voulait la logique.

Nous croyons l'avoir déjà prouvé, nous ne sommes pas de l'école de ces hommes à qui Dieu semble n'avoir accordé la pensée que pour la déguiser par la parole, ou l'opprimer par le silence.

Nous allons prouver, une fois de plus, que, pour nous, exposer aux yeux de tous la vérité trouvée, est un droit et un devoir non moins sacré que de chercher la vérité qui est encore cachée.

Gœthe disait : Perfectionnons-nous et marchons !

Nous dirons, nous : le notariat algérien s'est perfectionné, il a marché ; mais il faut qu'il se perfectionne et qu'il marche encore.

Tant pis pour ceux qui ne tiendraient pas le même langage !

Si nous avons pour nous la vérité, que nous importe le reste ?

Sétif, le 25 octobre 1862.

C. FRÉGIER.

Président du Tribunal de 1re instance de Sétif.

DU NOTARIAT EN ALGÉRIE

Il en est des institutions comme des lois : le meilleur moyen de les apprécier, et au besoin, de les améliorer ou de les réformer, c'est d'en étudier et d'en connaître l'histoire.

En nous disant leur passé, l'histoire nous permet de juger leur présent, et de pressentir, quelquefois même, de préparer leur avenir.

Interrogeons donc l'histoire du notariat en Algérie.

Elle se résume en deux mots : Il y a eu, il y a encore un notariat *algérien*, analogue, d'abord, semblable ensuite, mais jamais jusqu'ici pleinement identique au notariat *français*.

Elle a deux périodes bien distinctes : l'une va de 1830 à 1842, — époque de chaos et de confusion législative, résultat fatal d'une conquête récente, inachevée et encore mal assise, l'autre, de 1842 à 1862, — époque de régularisation et de réglementation, conséquence tardive d'une pacification presque générale et d'un établissement définitif et assuré.

Sous la première, le notariat, en quelque sorte livré à lui-même, n'est régi par aucune législation particulière et précise; institution coloniale, il vit des souvenirs, des traditions, des usages de la métropole —il se cherche, il doute, il tatonne, et tous ses efforts tendent instinctivement à se rapprocher du notariat de France, — c'est sa période d'*analogie*.

Sous la seconde il est réglementé par un texte fixe et certain, par un arrêté ministériel; institution mixte, il se nourrit, partie de lois françaises, partie d'arrêtés algériens : il commence à se trouver et à s'affirmer, et il aspire à devenir l'égal de son confrère d'outre-mer, — c'est sa période d'*assimilation*.

Parcourons ces deux périodes et nous pourrons sans témérité saluer le prochain avènement d'une troisième où le notariat algérien n'ayant rien ou presque plus rien à envier au notariat français, devenu ce qu'est ce notariat lui-même, — ce sera son époque d'*identification*.

Ainsi donc, analogie, assimilation, identification, telles sont les trois choses que le notariat, comme toute autre institution de la mère patrie était destiné à fournir en Algérie.

Il touche à la dernière : on dirait qu'il entre à voiles déployées dans le port désiré. Encore un coup de vent, et plein de force et de vigueur il posera son pied triomphal sur une terre objet de ses plus chères espérances.

Puisse cette Etude être un coup de vent !

I.

Avant d'esquisser l'histoire du notariat en Algérie, jetons à titre de prémisses, un rapide coup d'œil sur celle du notariat en France. Il y a de tels rapports, une si étroite connexité entr'eux, que parler de celui-ci, c'est forcément parler de celui-là.

De même que toutes les institutions dont le germe est contemporain de la société, le notariat a son berceau partout et ne l'a nulle part ; — son origine est à tout prendre, celle de la propriété et de l'écriture ; — il est spontanément sorti des besoins transactionnels de toute agglomération d'individus unis par le lien des affections et des in-térêts ; le jour où deux hommes ont pu se dire : pour constater nos conventions, pour transmettre nos dernières volontés, l'écriture, l'écriture revêtue du sceau de l'autorité publique, vaut mieux que la parole, ce jour là est né le notariat.

Aussi, à toutes les époques et chez tous les peuples civilisés, trouve-t-on plus ou moins intégralement conservés des vestiges de cette institution ; mais, hâtons-nous de le dire, nulle part plus qu'à Rome, sous les premiers successeurs de Théodose-le-Grand.

Là, à peu de chose près, elle acquit plus tard, sous Justinien, un degré de perfectionnement qu'elle ne devait guère atteindre en France que sous le règne de Saint-Louis.

Il était bien digne du peuple roi par la *force* comme par le *droit*, par l'art de conquérir, comme par l'art de conserver, d'élever progressivement à la hauteur d'une institution publique, représentée par des hommes libres, par des citoyens instruits et honorés, par des fonctionnaires publics le métier, — d'abord exercé par des esclaves ignorants, méprisés et ne remplissant qu'un rôle purement machinal et matériel, un rôle de copiste, — le métier, disons-nous, d'écrire avec élégance, de noter avec fidélité, de rédiger avec intelligence les engagements et les obligations de leurs concitoyens.

C'est aux Romains surtout que la France, pour ne pas dire la plupart des autres nations modernes, paraît avoir emprunté les principales règles du notariat. Si Charlemagne, dont le génie éminemment pratique comprit à merveille tout le parti qu'il y avait à tirer pour la sûreté des transactions et le repos des familles des *scripturæ publicæ*, créées ou plutôt régularisées par Justinien, appelle comme celui-ci : *judices chartularii*, les fonctionnaires, les magistrats rédacteurs des conventions et des volontés des parties, chargés de leur conférer la même foi et la même autorité qu'aux actes émanant de l'autorité publique, —si, plus tard, Louis IX établit, dans le même but, une corporation de soixante *notaires*, n'oublions pas que c'est à l'auteur de la Novelle 74 que ces princes doivent l'idée première, la dénomination et la définition du notariat, en tant du moins que délégation de l'autorité judiciaire.

Du reste, les *Capitulaires* de Charlemagne ébauchèrent plutôt qu'ils n'organisèrent le *notariat public* et les *étab'issements* de Saint-Louis en posèrent les bases et laissèrent entrevoir la haute et noble mission que la marche du temps et le progrès des choses lui réservaient dans un avenir lointain. Plusieurs siècles devaient s'écouler avant que le notariat n'obtînt le caractère et l'honneur d'une institution fonctionnant en son nom propre et sur tout le territoire de la France.

Il est vrai que Louis IX voulut séparer la juridiction *volontaire* des notaires de la juridiction *contentieuse* des juges; mais il n'y réussit qu'en partie : les actes de ces notaires ne devenaient authentiques et exécutoires qu'au moyen de l'apposition sur les actes, par le garde-scel et sous la surveillance du prévôt de Paris, du sceau de la juridiction du Châtelet, dont les fonctions de ces notaires ne pouvaient excéder les limites.

Sous Philippe-le-Bel, ces fonctions ne furent ni plus indépendantes, ni moins locales, ni moins restreintes, — leur sphère ne dépassait pas celle des domaines du roi, et si, un peu plus tard, les seigneurs, tant laïques qu'ecclésiastiques, eurent leurs notaires, ces notaires, à l'instar des notaires *royaux*, n'exerçaient toutefois leur ministère que « sous le nom et autorité des juges » et dans l'étendue de la juridiction de leurs seigneurs (1).

A trois siècles de là, malgré les diverses améliorations introduites dans le régime notarial, les notaires royaux et seigneuriaux, excepté, parmi les premiers, les notaires de Paris, Montpellier et Orléans, n'avaient pas davantage le droit d'instrumenter en dehors des domaines du Roi, ou des terres des seigneurs, et leur émancipation ou, en d'autres termes, la séparation de leur juridiction d'avec la juridiction contentieuse, inaugurée et proclamée par Louis XIV, ne devait être consommée que le 6 octobre 1791, par une loi qui sous le titre de fonctionnaires publics, ne les rattachait plus au pouvoir judiciaire que par le lien de la discipline, et en fit des délégués directs, spéciaux, et, si je puis ainsi parler, *propres* du pouvoir exécutif ou royal.

(1) Loyseau. *Traité des offices.*

Or, en cela, comme en bien d'autres choses, la loi de ventôse a purement et simplement confirmé et consacré celle du 6 octobre 1791, et n'a encore subi aucune modification importante.

Que sont donc aujourd'hui les notaires de France ? *des fonctionnaires publics,* agissant en leur nom et sous l'autorité de l'Etat, ne relevant que du Souverain, en qui se personnifie cette autorité, dont la juridiction n'est en rien subordonnée à la juridiction contentieuse, et qui, sans l'intervention de personne, imprimant sur leurs actes leur sceau ou cachet aux armes de l'Etat, les rendent exécutoires, comme les jugements eux-mêmes, dans toute l'étendue de la France, et qui, participant ainsi aux fonctions des magistrats de l'ordre judiciaire, sont comme eux *irrévocables* ou *inamovibles,* c'est à dire *institués à vie.*

En résumé, voici les trois caractères constitutifs du notariat français : Emanation directe du pouvoir exécutif ; Fonction publique, dans le sens le plus élevé de ce mot ; Institution à vie.

Sont-ce là les caractères du notariat en Algérie ?

Il est certain que nos notaires sont nommés par le pouvoir exécutif et en sont les délégués.

Il est *douteux* que, bien qu'appelés par leur réglement organique officiers publics, ils soient autre chose que des officiers *ministériels.*

Mais il est incontestable qu'ils sont *amovibles* et *révocables* comme eux.

Pourquoi cette différence entre les notaires de France et les notaires d'Algérie ?

Nous répondrons plus bas à cette question, observons seulement dès à présent que si les fonctions de notaire sont, en Algérie, ce qu'elles sont en France, si en Algérie elles n'ont pas besoin d'autres garanties qu'en France, si en un mot, au point de vue du notariat considéré dans ses éléments constitutifs et essentiels, l'Algérie et la France doivent être rangées sur la même ligne, on est fondé à penser qu'à l'heure qu'il est, les *mêmes* lois doivent des deux côtés de la Méditerranée, régir la *même* constitution.

Arrivons maintenant à l'histoire du notariat en Algérie.

II.

Nous l'avons déjà dit, sa première période n'embrasse pas moins de douze années, depuis la Conquête d'Alger ou les premières années de cette conquête jusqu'au réglement de 1842. Nous disons depuis les premières années : car il ne paraît pas qu'immédiatement après notre entrée dans la ville d'Alger, il y ait eu d'autres notaires en cette ville, pour les transactions entre Indigènes et Européens, que le cadi turc et le cadi maure. Quant aux actes de la vie civile concernant les Français entr'eux et les Étrangers, tout nous autorise à penser que c'est le chancelier de l'ancien Consulat français qui, remplissant aux termes des réglements des consulats, les fonctions de notaire, avait qualité pour les recevoir.

Mais, et ceci n'a pas été assez remarqué, il n'y avait personne de *notaire proprement dit ;* bien plus, la dénomination de *notaire* n'était encore donnée à personne, et c'est à peine si on commençait à espérer que l'occupation militaire d'Alger, qui, pendant plus de trois ans devait rester provisoire et incertaine, serait un jour dotée d'un notariat.

C'est ainsi que l'art 1er d'un arrêté du 11 juillet 1831, oblige tout acquéreur d'immeubles de quelque nation qu'il soit, de présenter son acte à l'enregistrement dans les huit jours de sa passation chez les cadis maure et turc, *où chez tous autres agents actuellement préposés à la réception de ces actes ou qui le seraient à l'avenir* : et cette disposition est confirmée par un autre article du même arrêté qui parle de nouveau de *tous les agents* ayant qualité pour recevoir et passer les actes de mutations de propriété, et par un arrêté du 5 août suivant qui porte que M. Martin, *interprète-chancelier* de l'ancien consulat de France à Alger *continuera* à remplir les fonctions de la chancellerie *relatives au notariat.*

Des termes de ce dernier arrêté, il résulte deux choses : que le consulat avait cessé d'exister, en tant que consulat, mais il survivait à la conquête en tant que *notariat consulaire* ou *chancellerie,* et que la Régence d'Alger n'avait pas d'autre notariat qu'un consulat qui n'était plus, d'autre notaire qu'un *chancelier continué,* d'autre loi de ventôse que les règlements et ordonnances de chancelleries consulaires.

Quoiqu'il en soit, il est certain d'une part, que dès le 16 février 1832, il fut question de notaires *institués,* ou plus exactement d'une institution de notaires par le Gouvernement, et d'autre part qu'un arrêté de cette date, et un autre du 25 du même mois, soumirent à des prescriptions spéciales, commandées par des circonstances locales, l'enregistrement des actes de ces notaires.

Mais, si de ces arrêtés vous rapprochez l'art. 1er d'un arrêté du 8 février de la même année, si vous remarquez que ce dernier distingue nettement le *gouvernement de la France* du *gouvernement de la Régence d'Alger,* et les actes de l'un des actes de l'autre, vous arrivez à cette conséquence que les notaires *algériens* ou du gouvernement *algérien* pouvaient être assujettis en fait, sinon en droit, à d'autres lois que les notaires *français* ou du gouvernement *français*.

Et cette probabilité se change en certitude, si on songe qu'à la même époque les *huissiers* qui, de même que les *notaires*, semblaient devoir être soumis à des lois ou règlements de France, antérieurs à la conquête, et par suite être restreints aux mêmes obligations que leurs collègues d'outre-mer — que les huissiers, contemporaires de la Cour de justice, ne furent tenus, comme les *huissiers de France*, de dresser un répertoire des actes de leur ministère qu'à dater du 29 février 1832, près de deux ans après la création de cette cour, et par suite de leur nomination.

Or, notons bien ce fait, les huissiers ont précédé les notaires en Algérie, et leurs devoirs sont aussi formellement et aussi impérativement tracés que ceux des notaires par la loi métropolitaine. Dès lors, n'est-il pas *possible*, que dis-je n'est-il pas *certain* que le législateur algérien ne pouvait se montrer plus sévère à leur égard qu'à l'égard des notaires, et que même, s'il n'a imposé que douze ans plus tard aux notaires l'obligation de dresser, eux aussi, un répertoire de leurs actes d'après la loi française (la loi du 22 frimaire, an VII, qui en prescrivait la tenue et aux huissiers et aux notaires), c'est qu'en même temps qu'il a imposé cette obligation aux huissiers, il en a affranchi les notaires jusqu'à nouvel ordre, jusqu'au règlement organique du notariat en Algérie, (art. 25).

Mais continuons de suivre pas à pas les documents de la législation algérienne, touchant le notariat.

Le 14 avril 1832, l'intendant civil, Genty de Bussy, qui, dans un ouvrage trop peu lu, sur les débuts de notre établissement en Algérie, a cent fois répété que *législativement* et *légalement*, on *n'y faisait* que ce que l'on *pouvait* de 1830 à 1834, que telle loi française y était applicable et appliquée, tandis que telle autre ne l'était pas, l'intendant civil *arrêta* que les certificats de vie nécessaires pour le placement des rentes viagères et pensions sur l'Etat, seraient, conformément à la *loi du 21 avril* 1806, exclusivement délivrés par ceux des notaires à la résidence d'Alger qu'il se réservait de désigner, à la charge par eux de se conformer à toutes les dispositions de la *loi* (française).

Il est donc hors de doute qu'avant cette époque et contrairement au décret de 1806, tous les notaires d'Alger délivraient indistinctement de pareils certificats. —Que conclure de là? sinon que cet état de choses, si illégal qu'il fût, fut *toléré*, et conséquemment que les certificats délivrés en contravention à la loi furent *valables*, bien que *contraires à la loi, jusqu'à* la publication de notre arrêté.

Et pourquoi, à une époque de chaos, de désordre, d'incertitude, d'*irrégularité*, où couvait à peine une solution sous tous les rapports exceptionnelle qui ne devait éclore qu'après plusieurs années d'hésitations, de tâtonnements, d'essais et d'expériences de toutes sortes, pourquoi les notaires, tout comme les *huissiers* et les *greffiers*, car, eux aussi, étaient régis autrement que la France, auraient-ils échappé au sort commun, imposé par des circonstances fatales ?

Eh ! sans doute, greffiers, huissiers, notaires, soit par ignorance, soit pour toute autre cause, instrumentaient et se gouvernaient *extrà-légalement* ! Mais soyons juste : qui eut osé leur appliquer d'autres lois que celles des *circonstances*? Or, ces lois, il ne faut pas se le dissimuler, peu ou point favorables à l'implantation, et moins encore à l'exécution intégrale des lois de la métropole sur le sol algérien, combattaient, modifiaient, paralysaient ou même *excluaient* ou *absorbaient* le *droit* (1).

C'était, comme on l'a dit, la faute des choses... Assurément: mais aussi, en matière d'offices publics et de fonctions publiques, la faute des hommes qu'on ne pouvait choisir, qu'on était obligé de saisir à la course, tels qu'ils se trouvaient sous la main, quelquefois sans honorabilité, plus souvent sans pratique et sans capacité !

Avant tout, il fallait vivre, il fallait marcher : et parce qu'on ne pouvait ni marcher ni vivre *comme en France* dans une vieille métropole, on s'évertuait à faire l'un et l'autre *comme dans une colonie* naissante.

Ce n'était qu'à force de défricher et de débroussailler tout d'abord le terrain colonial, qu'on pouvait parvenir plus tard à l'assimiler au sol métropolitain et tout en admettant, pour le passé, le fait accompli, espérer d'organiser le présent et de *légaliser* entièrement l'avenir.

C'est ce qu'expliquent, entr'autres, l'arrêté du 8 juillet 1832 qui fixe à 25 centimes et en conformité de l'art. 14 de *la loi de ventôse an* vii, les droits de légalisation des greffiers, et l'arrêté du 8 octobre suivant qui, supprimant le *traitement* des huissiers, le *traitement!* remarquez ce mot, ordonne que désormais ils mentionnent comme les huissiers de France, le numéro de leur patente. C'était évidemment un pas de fait vers l'assimilation.

Voilà aussi pourquoi après la consommation de plusieurs expropriations pour cause d'utilité publique opérées moins en vertu de la loi française qu'en vertu des néces-

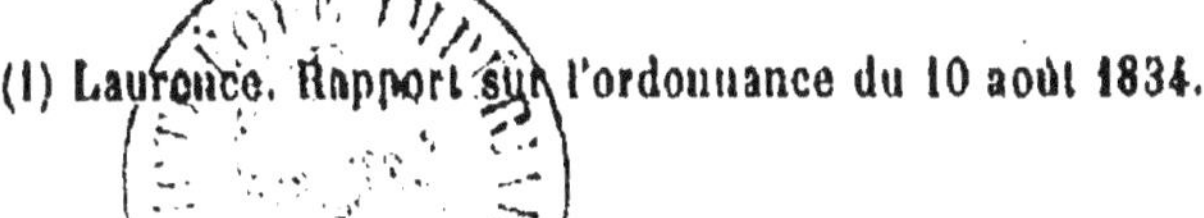

(1) Laurence. Rapport sur l'ordonnance du 10 août 1834.

sités de temps et de lieu, intervint le 17 octobre 1832 un arrêté qui maintenait ce qui avait été fait jusque-là, et prescrivait un nouveau mode d'expropriation conforme à la situation de la régence, plus régulier à la vérité, mais autre que celui de France, par le motif « qu'il n'était pas encore possible d'appliquer à la régence d'Alger les principes de la législation française sur la matière. »

Il serait facile de citer un nombre considérable d'autres *arrêtés*, plus ou moins *semblables aux lois françaises*, suivant que la situation de la régence était plus ou moins susceptible de leur application.

La loi de France était pour l'Algérie un droit en quelque sorte inerte, comme n'existant pas, endormi, *jus sospitum*.

Fort peu soucieux d'être *logique*, le législateur algérien s'inquiétant d'urgence d'être *raisonnable*, et sous la double influence d'une *tolérance* et d'une *nécessité* également inévitables, tantôt par son silence, tantôt par des arrêtés ou des ordonnances constituant le droit algérien, il faisait brèche aux lois françaises, les modifiait, ou sanctionnait comme parfaitement légales des situations qui ne l'étaient qu'imparfaitement ou qui même ne l'étaient pas du tout.

Et gardons-nous de lui en faire un grief! Comme tout *planteur* d'hommes ou fondateur de colonies, sa première pensée a été d'organiser un pouvoir fort et jusqu'à un certain point sans contrôle, et d'exécuter des lois *militaires* ou *administratives* plutôt que des lois *civiles* proprement dites. Pour celles-ci, il abandonnait volontiers au temps, au bon sens public, au courant de la nécessité de l'opinion et des traditions, le soin d'en demander la promulgation ou d'en provoquer l'exécution. Et comment en eût-il été autrement ? Tout était à l'état d'embryon, tout attendait d'un développement ultérieur sa forme définitive, tout, excepté le pouvoir central, le pouvoir du gouverneur qui était, alors, à bien des égards, ce qu'est encore le pouvoir du Gouverneur-général. Encore un coup, ne cherchez ni un ordre logique ni une pensée uniforme et continue dans la législation algérienne ; elle marche par soubresauts, à droite, à gauche, souvent en zig-zag, toujours au gré des circonstances, tantôt propices, tantôt contraires à l'*assimilation légale* de l'Algérie avec la France.

Mais un jour doit venir où l'ordre et la régularité succèderont au désordre et à l'irrégularité. Nous approchons de 1841, ère des règlements généraux et de coordination générale où, à l'instar des huissiers, des commissaires-priseurs et des défenseurs, les notaires auront, eux aussi, leur règlement, leur *charte*, sur certains points semblables, sur certains autres dissemblables avec les lois de France sur la même matière.

Justement appelé *général*, le règlement du 31 décembre 1842 aura pour but de coordonner en un faisceau complet toutes les dispositions déjà publiées sur le notariat, de déterminer quelles lois françaises sont ou non applicables au notariat en Algérie, de substituer la règle à l'exception, le défini au vague, une loi formelle, des prescriptions irritantes à des lois indécises et à des tolérances désormais sans motifs et même forcées, en un mot, un système *d'assimilation* à un système de simple *analogie*.

Examinons donc ce règlement. — Nous avons vu que de 1830 à 1842 l'Algérie a eu un notariat Algérien, parce qu'en fait cette institution n'y était pas régie par les mêmes lois qu'en France. Nous verrons maintenant qu'aujourd'hui encore et à dater de 1842, le notariat de l'Algérie est en *droit* et en *fait*, quoiqu'à un moindre degré, le notariat *algérien*, c'est-à-dire une institution soumise à d'autres lois que la loi de ventôse, seule loi du notariat *français*.

Les bornes de cette Étude nous défendent de mettre en saillie et de comparer entre elles toutes les dispositions qui distinguent la loi de ventôse du règlement de 1842. Entre ces deux documents, les différences sont nombreuses, mais toutes ne sont pas d'une égale importance. Les unes tiennent à la rédaction, à la *forme*, les autres à la pensée même du législateur, au *fond* des choses. Nous ne relèverons que celles-ci, et encore choisirons-nous parmi elles celles qui, à un titre quelconque, mériteraient l'attention des hommes qui comme nous, en demanderaient l'amélioration ou la suppression.

Et d'abord, il est à remarquer que l'art. 1er de notre règlement, au lieu d'appeler les notaires *fonctionnaires publics,* à l'exemple de l'article correspondant de la loi de ventôse, les nomme *officiers publics.* Considérée en soi, cette substitution de mots n'aurait pas une grande portée, si l'ensemble du règlement et notamment son art. 11, ne faisait réellement du notaire algérien — qu'un simple *officier ministériel.*

Remarquez en outre, mais pour mémoire seulement, que le règlement lui refuse le droit de présenter un successeur, et par conséquence la *vénalité* de sa charge accordée au notaire français par la loi de 1816 sur le cautionnement des officiers ou fonctionnaires publics. Les questions qui soulèvent la vénalité des charges en Algérie sont trop vastes et trop compliquées pour ne pas être l'objet d'une Étude spéciale.

Quant au cautionnement particulier des notaires Algériens, nous n'en dirons qu'une chose, c'est que la conclusion nécessaire pure et simple de notre travail sera l'assimilation sous le rapport du notaire de l'Algérie avec le notaire français.

Avant d'aller plus loin, plaçons ici une réflexion générale — le règlement de 1842 comme tous les règlements de cette époque ou voisins de cette époque, participe tout à la fois de la nature des lois métropolitaines et des besoins coloniaux : il est, si j'ose le dire, un règlement *hybride*, moitié français, moitié algérien, reproduisant les principales dispositions de la loi de ventôse, mais reflétant en plus d'un endroit, la couleur locale des arrêtés algériens, ce quelque chose de plus militaire que civil, qui est leur cachet spécial et originel.

Ainsi voyez l'art. 2 ! Les notaires nommés dans *l'origine* par le ministère de la guerre continueront à l'être et, sur le rapport du procureur général, il est vrai, pourront être par lui révoqués.

Qu'il y a loin de cet article à l'art 2 de la loi de ventôse! Ces notaires sont institués à vie ! Avec le règlement, qui devient *l'irrévocabilité*, cette inamovibilité du notaire, cette première garantie du notariat français, dont l'assemblée constituante, alors même qu'elle ne conférait que des fonctions temporaires aux *juges*, reconnaissait l'absolue nécessité, et sans laquelle le notariat, selon les mémorables expressions du tribun Favar, ne serait plus qu'une profession mercenaire et versatile, au lieu d'être un état utile et bienfaisant !

Voyez aussi l'art. 13 ! Combinez cet article avec les art. 41 et 42. ! qu'y trouvez vous ? qu'au procureur impérial appartient seul l'appréciation des motifs d'abstention d'un notaire et l'exercice direct ou indirect des droits disciplinaires qui peuvent se traduire en suspension et en révocation, sorte de glaive de Damoclès perpétuellement suspendu sur la tête des notaires de l'Algérie car rien ne tempère *légalement* le pouvoir proconsulaire du parquet. Il est leur chambre de discipline, il est leur discipline incarnée. Bien plus, il est le tribunal, le tribunal qui, aux termes de l'art.

53 de la loi de ventôse est seul compétent pour juger sur les poursuites, rien de plus, du ministère public, toutes questions de dommages-intérêts, d'amendes, de suppression et de destitution !

Sans doute, l'art. 46 donne un syndic aux notaires d'Alger, mais d'Alger seulement, et ce syndic a certaines attributions analogues à celles d'une chambre de discipline, telle qu'elle a été établie par la loi de ventôse et ordonnée par l'ordonnance du 4 janvier 1843 ! Mais ce syndic probablement élu par ses collègues, est très *certainement nommé* par le procureur général, et ne représente que les intérêts collectifs de la compagnie. Qu'est-ce qu'un pareil syndic, si ce n'est l'ombre d'une chambre de discipline qui n'existe pas ! ! et combien peut ressembler au pouvoir de surveillance, de contrôle, et au besoin seulement, de poursuites, ce pouvoir concentré et en quelque sorte illimité du parquet qui enlève au notariat algérien jusqu'à l'apparence de l'autonomie du notariat français !

Poursuivons l'art. 2, copie sommaire des art. 36 à 43 de la loi de ventôse, trace les conditions d'admission au notariat. — Il n'exige pas comme l'art. 36 de la loi de ventôse un stage de six années entières et non interrompues, dont une de ces deux dernières au moins, en qualité de premier clerc, chez un notaire d'une classe égale à celle où se trouvera la place à remplir. Il se contente d'un temps de travail de cinq années dont une au moins en qualité de premier clerc dans l'étude d'un notaire de France ou de l'Algérie, quelle que soit la classe du premier, la résidence du second, si bien que le premier clerc d'une étude de village, de France ou d'une localité quelconque de l'Algérie, pourra être notaire en Algérie, à Alger même !

Le même art. 5, tiré de l'art. 42 de la loi de ventôse permet de prendre des candidats au notariat parmi des fonctionnaires judiciaires et même administratifs ; l'article de la loi est tombé en désuétude ; nous souhaitons le même sort à celui du règlement si mieux on n'aime le supprimer à l'avenir. L'aptitude notariale est une aptitude *sui generis* — elle est la résultante d'une longue suite d'études, continues et spéciales et d'expériences professionnelles.

Est-ce tout ? pourquoi, contrairement à ce qui se pratique en France en vertu de l'art. 7 de la loi de ventôse, l'art. 10 du règlement ne confère-t-il pas au notaire d'Alger, siège d'une cour impériale (tribunal d'appel de la loi de ventôse) le droit d'exercer son ministère dans toute l'étendue du ressort de la Cour ?

Chose plus extraordinaire encore ! — eu égard à l'époque du règlement (car alors Alger avait plusieurs notaires), et à l'époque actuelle, car plusieurs autres villes ont aussi plusieurs notaires — par dérogation à l'art. 9 de la loi de ventôse, l'art. 15 du règlement n'admet pas le concours d'un second notaire ou d'un notaire en second : d'où il suit que le notaire algérien devra généralement être assisté de deux, et s'il s'agit d'un testament, de quatre témoins, comme si, dans la plupart des cas, des témoins réunissant certaines conditions de sexe, d'âge, de nationalité, de résidence, n'étaient pas plus difficiles à trouver ou inspiraient plus de confiance qu'un second notaire ! — A Alger, passe encore ; mais ailleurs qu'à Alger !...

Autre différence entre le notariat de France et le notariat de l'Algérie ; l'art. 54 du règlement veut que le notaire *substituant* soit désigné par le parquet et non par le notaire *substitué* — il y a là une défiance que nous ne comprenons pas.

Passons à l'art. 19 ; nous parlerons bientôt de l'art. 17. L'art. 19 a sagement dérogé à l'art. 9 de la loi de ventôse, en n'exigeant pas des témoins européens dans tous les actes de notaires indistinctement, et cela, qu'il s'agisse des témoins instrumentaires ou identitaires. Mais comment ces témoins pourront-ils figurer dans les actes européens et indigènes, et surtout dans ceux où figurent des femmes musulmanes même, les parents de celles-ci ne pouvant être témoins *id*enditaires, d'après la loi musulmane, dans les actes qui les concernent ? Pour tourner la difficulté, les notaires ont l'habitude d'accepter des témoins indigènes, maures ou israélites et pour les mauresques, leurs parents même les plus proches : la nécessité le veut ainsi ; — il importe de sanctionner cet état de choses par un décret.

Le même article, ajoutant à l'art. 11 de la loi de ventôse veut qu'en matière de transaction immobilière ou de contrats hypothécaires, l'existence des immeubles soit connue du notaire ou lui soit attestée par deux témoins de lui connus et ayant les mêmes qualités que les témoins rudimentaires — cela est tout bonnement impossible, en fait, mais alors pourquoi ne pas le supprimer ?

Glissons à dessein sur une foule d'articles du règlement qui ne sont qu'une vaine et stérile amplification qui est tout au moins déplacée dans un règlement organique et arrêtons nous un instant devant l'art. 33 qui, disons-le bien vite à son honneur, semble avoir servi de modèle à l'article 12 de l'ordonnance du 4 janvier 1843 sur l'organisation des chambres de discipline du notariat français. Nous croyons qu'il peut être maintenu, mais à la condition d'être transplanté dans un décret analogue à cette ordonnance, créant et organisant comme elle des chambres de discipline pour le notariat algérien.

Arrivons à l'art. 30. Comprend-on que dans l'Algérie toute entière, même à Alger, les droits dont il parle soient restés fixés à un taux moindre qu'à Paris, quand par application du décret du 16 février 1807, les actes de procédures et autres sont en général taxés en Algérie comme à Paris.

Ce qui précède suffirait surabondamment pour prouver que, administrativement parlant, le notariat algérien diffère en plus d'un point du notariat français ; mais nous ajoutons qu'il ne diffère pas moins *juridiquement* parlant, et par ce mot, nous entendons parler des formalités impérieusement prescrites par la loi pour la validité des actes notariés.

Le règlement de 1842 envisagé dans ses rapports avec la loi de ventôse, ne contient guère à cet égard que deux articles, l'art. 17 et l'art. 30.

Mais ces articles prononcent-ils directement ou indirectement, explicitement ou implicitement la nullité des actes faits contrairement à leurs dispositions, — ou, pour être plus facilement compris, et pour saisir la difficulté dans le vif, l'omission dans un acte algérien d'un paraphe au bas d'une apostille ou d'un renvoi entraîne-t-elle la nullité de ce renvoi ou de cette apostille, comme elle l'entraînerait incontestablement aux termes de l'art. 15 de la loi de ventôse ? Question grave, question difficile et bien digne de fixer quelques instants notre attention !

Or, de deux choses l'une : ou il y a nullité, et alors nous prétendons qu'il est irrationnel de ne pas assimiler *de plano* aujourd'hui, avec le notariat français, ce notariat algérien — qui aurait *pu* et *dû* l'être dès 1842 : — ou il n'y a pas nullité, et alors nous disons que, de nos jours, la nullité devrait exister, et que conséquemment sous les deux hypothèses, le notariat d'Algérie doit, à l'avenir, être identifié au notariat de France.

D'une part, en effet, toute institution, essentiellement

progressive, telle que le notariat, revêt, *à un moment donné*, un caractère, un signe, un *criterium* qui est le résumé supérieur de tous ses progrès et de tous ses perfectionnements. Or, ce *criterium*, pour les institutions judiciaires ou auxiliaires d'une justice, dans une colonie comme l'Algérie, c'est la *peine de nullité* — ni comminatoire, ni relative, ni facultative, mais irritante, mais absolue, mais impérative, — dont le législateur colonial frappe les actes de procédure ou de notariat faits contrairement à l'une des formalités purement arbitraires ou de droit purement positif, — que le législateur métropolitain inflige à ces mêmes actes, rédigés dans les mêmes conditions. C'est ce qu'on nomme *nullités de forme*. Ces nullités, nous ne saurions trop le répéter, révèlent le terme extrême d'une législation positive et elles en sont le couronnement, en ce sens qu'elles supposent un progrès social, un développement juridique, un personnel d'officiers ministériels ou de fonctionnaires publics profondément versés dans la pratique des affaires, enfin une situation légale, juridique et intellectuelle qui commande la réalisation du fameux aphorisme de Bacon : « La meilleure des lois est celle qui, se plaçant dédaigneusement au-dessus de la région des faits et des circonstances, laisse le moins à faire à l'arbitrage ou à l'appréciation personnelle du juge. »

D'autre part, nous sommes en 1862 ; vingt ans, — cinq ans de plus que ce laps de temps, qui, au dire de Tacite, représente une notable partie de la vie humaine, — se sont écoulés, et avec eux la société algérienne a atteint un niveau juridique et moral plus sensible, plus élevé encore de 1842 à 1862 que de 1830 à 1842, et tout esprit impartial et éclairé est heureux de constater que le notariat algérien peut et doit se tranformer en notariat français.

Et cela se conçoit sans peine ! — Que de 1830 à 1842

une disette, plus ou moins marquée d'hommes intelligents, honorables, pratiques, — une réunion de circonstances matérielles et morales, compatibles avec les instincts de la règle et du droit de la métropole, ait forcé le législateur de s'en remettre, pour les prescriptions de pure forme, à la sage discrétion des tribunaux ; que, par suite, l'art. 15 de la loi de ventôse n'ait pas pu être et n'ait pas été pleinement, rigoureusement exécutée en Algérie, qui pourrait s'en étonner ? — Avec le personnel d'huissiers, de défenseurs, de notaires, et même de magistrats, tel qu'on l'avait à cette époque, n'était-ce pas chose très difficile et même impossible ? Suffit-il qu'une loi, à supposer qu'elle ait été promulguée, soit *exécutoire*, ne faut-il pas encore qu'elle soit *exécutable* ? Peut-être même ne devrait-on pas s'étonner davantage que, en 1842, et vers cette époque, alors que, pour être plus favorable qu'auparavant à l'exécution de notre code de procédure et de la loi de ventôse, la situation générale de l'Algérie était encore trop incertaine, trop irrégulière et trop difficile pour en rendre possible, sans graves inconvénients, la stricte application, — le Règlement (espèce de halte entre le notariat sans règles sérieuses et le notariat définivement organisé, formellement réglé par la loi de ventôse), ait assimilé et non identifié le notariat algérien avec le notariat français. Il y avait encore dans la société d'alors un reste de levain de la société primitive de l'Algérie, une empreinte trop visible encore, quoiqu'en partie effacée, des premiers temps de la conquête. — Mais, ce que l'on ne comprendrait pas, ce serait, par exemple, que, depuis 1848, — quand tout, expérience du passé, épreuves du présent, nécessité cent fois démontrée d'entrer résolument dans une voie de régularité pleinement française, — facilité et fréquence de relations et de contact avec la métropole, échange entre l'Algérie et la France de fonctionnaires de tous les rangs et de tous les ordres, quand tout, dis-je, a concouru pour faire du notariat d'Algérie une institution identique au notariat de France, — ce que l'on ne comprendrait pas, ce serait que, depuis ces douze années, le règlement provisoire et transitoire de 1842 pût s'appliquer encore comme il devait s'appliquer en 1848. Faudrait-il donc désespérer de secouer la poussière des préjugés et de sortir de l'ornière de la routine ! !

Cela dit, abordons l'art. 30 du règlement. Il renvoie sans le nommer, à l'art. 15 de la loi de ventose, mais est-ce à dire qu'il *ne* l'est entièrement incorporé, non seulement à sa *disposition*, mais encore à sa *sanction* qui est la peine *de nullité?*

Remarquez que cette question n'a rien ou presque rien de commun avec celle de savoir si avant 1842 et spécialement de 1830 à 1834 la loi de ventôse était applicable en Algérie. La réponse à cette question résolue affirmativement par la Cour d'Alger, négativement par le tribunal de cette ville, et pendante, à cette heure, devant la Cour suprême, est tout entière dans la saine intelligence des principes relatifs à la promulgation des lois et dans l'interprétation littérale et rationnelle des mots qui ouvrent l'art. 30 du règlement « *sont rendues communes, etc.* Si d'une part comme nous le croyons, la conduite et les actes du législateur algérien depuis 1830, l'esprit et le texte de plusieurs des documents qui la composent, démontrent qu'il a voulu et entendu que toute loi française, pour être applicable, sous peine de nullité, en Algérie, y fut préalablement promulguée, — si, d'autre part, les termes précités de l'art. 30 comparés à une multitude de dispositions d'arrêtés algériens où le législateur a eu soin de dire « *demeurent, etc.,* au lieu de dire « *sont rendues communes,—*

si, en troisième lieu, on se rappelle la situation désordonnée et irrégulière de l'Algérie de 1830 à 1842 et surtout 1834, on aura en droit et en fait, les véritables éléments de la solution de cette question.

Mais telle n'est pas notre question : il s'agit de savoir si l'art. 30 du règlement a entendu s'approprier la nullité de l'art. 14 de la loi de ventôse.

Eh bien non ! répondons-nous, non ! car l'art. 30 étudié dans son propre texte, et surtout dans ce texte mis en présence de quelques uns de ceux qui le précèdent, il est impossible de ne pas douter, et de ne pas douter sérieusement que telle eut été la volonté du législat. Or, tout le monde le sait, en matière de nullité tout comme en matière pénale, *douter* c'est *absoudre*, douter, c'est rejeter la nullité !

Il en est ainsi en France et, à plus forte raison en Algérie où par une dérogation des plus significatives au droit commun de la métropole, les nullités de forme ou de procédure, sauf les nullités substantielles, sont appréciées suivant les circonstances et sont purement *facultatives*, — première règle en matière de nullité.

Seconde règle : plus la nullité de forme sera imputable au seul rédacteur de l'acte quand ce rédacteur sera un tiers, plus elle devra être restreinte au seul cas prévu par le législateur.

Troisième règle : une disposition légale qui déroge aux principes généraux d'une législation, doit être d'autant plus expresse et formelle que les conséquences en sont plus importantes et plus graves.

Appliquons ces règles à notre thèse :

Les articles de la loi de ventôse cités dans notre article 30 ne *sont rendus communs à l'Algérie que sauf les mo-*

difications qui précèdent cet article : — quelles sont donc ces modifications ?

Ces modifications, ce sont, entr'autres, celles de l'art. 17 qui renferme toutes les dispositions des art. 14 et 15 de la loi de ventôse, *moins* la peine de nullité. — C'est là une modification certaine et dont la portée, décisive à l'endroit de notre question, ne saurait être méconnue — l'auteur du règlement avait, en le faisant, la loi de ventôse sous les yeux. Il lui a pris toutes les prescriptions des art. 14 et 15, toutes, *sauf celle* de la nullité; pourquoi cela? très certainement, parce que, d'accord avec l'esprit général de la égislation algérienne, il s'en est référé sur ce point à la sagesse du juge.

Il y a plus: comment supposer que le législateur ait voulu par un pléonasme inconcevable, revenir par un simple renvoi à l'art. 14 de la loi de ventôse sur ce qu'il avait déjà dit dans l'art. 17 du règlement ?

Dirait-on que pour lés mots *au surplus*, il a clairement indiqué qu'il voulait ajouter à ce qu'il avait déjà dit ? — Mais est-ce ainsi qu'un législateur prononce une peine aussi grave qu'une peine de nullité ? Est-ce par un *renvoi*, et encore par un renvoi *implicite*, est-ce furtivement qu'il décrète une disposition contraire au droit commun ? Des dispositions semblables s'écrivent en toutes lettres ; les mots, *à peine de nullité* sont si faciles à écrire à la fin d'un précepte légal, surtout quand ce précepte a déjà été ainsi sanctionné dans une précédente loi qu'on se borne à reproduire! En définitive , il s'agissait là d'une révolution législative et certes, pareille révolution valait bien la peine d'insérér quatre mots dans un article de loi !

Et puis, s'il avait entendu parler de nullité dans l'art. 30, pourquoi ne pas le dire en termes non équivoques ? Il a bien parlé et très-clairement parlé d'amendes dans l'article suivant!

Certes, quand le législateur algérien a voulu prononcer une nullité il s'en est formellement expliqué, — pour vous en convaincre lisez les articles 58 et 59 de l'ordonnance de 1831 sur l'organisation de la justice — était-il possible de douter de la nullité de la citation ou de la notification non traduite par un interprète assermenté ? Lisez aussi l'art. 3 de l'ordonnance du 19 mars 1816 sur l'organisation des interprètes, et après cela, doutez encore si vous le pouvez, de la nullité d'un acte notarié rédigé sans l'assistance d'un interprète traducteur ! !

Veut-on une nouvelle preuve de ce fait que toutes les fois qu'il a entendu établir une nullité, le législateur l'a fait de façon à exclure toute possibilité de doute ? Avant 1846, si on comparait les articles 30 et 16 du règlement avec l'art. 8 de la loi de ventôse, on était amené à penser sans pouvoir l'affirmer, que tout acte notarié qui devait être rédigé avec l'assistance de l'interprète était nul, s'il l'était sans cette assistance. — Eh ! bien, qu'a fait le législateur ? Il a mis fin à tous les doutes et à toutes les conjectures par l'art. 3 de l'ordonnance précitée !

— Mais prenez garde, nous dira-t-on ! qui veut trop prouver ne prouve pas assez. Eh ! quoi d'après vous, et malgré les articles 14 et 68 de la loi de ventôse, un acte qui ne serait signé ni par les notaires, ni par les témoins, ni par les parties, ne serait donc pas nul ?

Eh ! sans doute, cet acte sera nul, mais savez-vous pourquoi ? Parce qu'il s'agit ici non du simple paraphe d'un témoin qui peut facilement être omis plutôt par la faute du notaire que par celle des parties, mais bien de sa *signature*. — Et d'ailleurs, l'art. 30 du règlement renvoyant à l'art. 14 qui ne contient qu'une disposition, *mais pas de sanction,* et à l'art, 68 qui en cas de contra-vention à l'art. 14 déclare l'acte nul en tant qu'acte authentique. — Mais, remarquez-le bien, ce même art. 68 ne renvoie pas à l'art. 14 de la loi de ventôse. Est-ce seulement parce que celui-ci prononce lui-même la peine de nullité — Non ! pourquoi donc encore ? parce qu'autre chose est un défaut de signature qui rend naturellement et nécessairement nul l'acte qui doit en être revêtu ; autre chose l'omission d'un simple paraphe. Pour qu'une semblable omission emporte nullité d'un renvoi ou d'une apostille, il faut un texte formel, exclusif de tout doute, sans lui l'acte sera valable, *valeat potiusquam pereat.* Or, le texte, il est dans l'art. 14 de la loi de ventôse, et vous le chercherez vainement dans le réglement de 1842 !

Mais s'il est permis de douter que l'article 14 de la loi de ventôse soit devenu applicable en Algérie en vertu de l'article 30 du réglement de 1842, n'est-il pas temps que toutes les nullités de la loi soient enfin consacrées par le réglement ? Qu'on se souvienne de ce que nous avons dit plus haut ! Oui, il est temps ! Grâce à Dieu et au progrès de notre colonie, au moment où nous écrivons ces lignes, ni l'intelligence, ni la probité, ni la moralité, ni la science, ni l'expérience, rien ne fait défaut à nos notaires, et si sous le rapport des *personnes,* l'Algérie ne laisse rien à désirer, il en est à peu près de même sous le rapport des *choses:* — tout ce qui dans la législation algérienne touche aux transactions immobilières, est aujourd'hui assez connu, assez déterminé, assez réglé pour que le fonctionnaire qui a mission de les rédiger ne puisse plus en aucune façon prétexter ni d'ignorance, ni d'hésitation, ni de doute. Rien n'empêche donc qne les rigueurs de la loi de ventôse ne passent tout entières dans le réglement du notoriat algérien.

Que si on persiste à soutenir qu'il en est ainsi depuis

1812, alors nous demanderons, pourquoi les nullités, toutes les nullités, c'est-à-dire le *plus* étant admis, on n'admettrait pas par là même le *moins*. Les nullités comme celle de l'art. 15 de la loi de ventôse, sont incompatibles avec un notariat dont l'organisation ne serait pas aussi complète que celle du notariat français ; les nullités sont la pierre de touche du perfectionnement, peut-être pourrions-nous ajouter le *nœud vital* de cette institution.

Accordez-nous les nullités et soyez logiques ! Nous vous abandonnons de grand cœur tout le reste !

Mais pourquoi nous les refuserait-on ? Est-ce que le notaire algérien qui, nous l'avons dit et prouvé, peut jouir des mêmes lois et prérogatives que le notaire français et être soumis aux mêmes devoirs et obligations que le notaire français, ne doit pas moins dans son intérêt que dans l'intérêt de ses clients, et par suite dans l'intérêt public, exercer ses droits et ses prérogatives, remplir ses devoirs et ses obligations ? Est-ce qu'il n'est pas utile, nécessaire même à l'Algérie qu'il soit ici ce qu'il est en France ? Est-ce que dès lors, le notaire algérien ne doit pas comme le notaire français, être un fonctionnaire public, institué à vie, irrévocable, muni des mêmes garanties ? qu'est-ce donc qu'un notaire ?

La loi s'est chargée elle-même de le définir et le règlement a presque littéralement répété sa définition : le notaire c'est le fonctionnaire public établi pour recevoir tous les actes et contrats auxquel les parties doivent ou veulent faire donner le caractère d'authenticité attaché aux actes de l'autorité publique et pour en assurer la date et conserver le dépôt, en délivrer des grosses et expéditions et remplit certaines fonctions déterminées par la loi. Qu'on pèse chaque mot de cette définition ! qu'on l'interroge à l'aide des notions historiques que nous avons sommairement exposées au début de ce travail, et on n'aura pas de peine à comprendre que sous plus d'un point de vue, nous pourrions dire du notaire ce que l'on dit du magistrat, et ce que nous avons dit nous mêmes, ailleurs, du *juge de paix* (1), de tous les magistrats celui avec qui le notaire a les plus nombreuses et les plus intimes affinités, si en effet, la mission du juge de paix consiste sur toutes choses à assoupir et à étouffer les procès et les contestations déjà nées, celle du notaire ne consiste-t-elle pas à les prévenir et à les empêcher de naître ?

C'est donc à tort que bien des gens ne voient dans le notaire que le rédacteur matériel et, pour ainsi parler, brutal des stipulations de ses cliens. Rien de plus incomplet et de plus inexact que cette idée. Le notaire n'est pas un greffier, encore moins un scribe. — Il n'est pas que la main qui écrit, il est le flambeau qui éclaire, le doigt qui signale, l'intelligence qui voit, la science qui connait la voie à suivre, le notaire c'est un conciliateur officieux et privé, un conseil, l'avocat commun des parties, l'ami, souvent le père, quelquefois le magistrat, le juge ou l'arbitre amiable, toujours le confident ou qui plus est, le *confesseur civil* des familles, — le notaire est encore tour à tour le ministre forcé de la loi, ou son organe librement choisi, dans l'un ou l'autre cas, son interprète, de même que le traducteur et le régulateur, le législateur domestique, des intentions et des volontés de ses concitoyens qu'est-il encore ? En sa qualité de délégué de l'autorité publique, ce qu'il écrit c'est plus qu'un jugement, c'est la loi même des parties ; sa signature c'est le sceau de la vérité, la garantie de la foi privée, la sanction de la foi

____

(1) *De la Justice de paix en Algérie.*

publique, son témoignage, un témoignago irrécusable, est en quelque manière, le témoignage de la société tout entière.

Avons-nous besoin d'ajouter que dépositaire des écrits et de la fortune des particuliers et représentant nécessaire de la chose publique, il se mêle aux principaux actes, il figure dans les phases les plus importantes de la vie individuelle et sociale. Or, tout cela, ne l'oublions pas, c'est bien moins l'œuvre de la loi que le fruit d'un esprit éclairé, d'une probité éprouvée, d'une moralité irréprochable, de cette délicatesse et de cette discrétion, qui inspirent et commandent l'estime, la considération, la confiance de tous, et font du ministère du notaire un ministère plus volontaire que forcé, et tout à la fois légal et moral.

Voilà trait pour trait le notaire, le notaire de la loi de ventôse, et aussi, proclamons-le bien haut, le notaire du réglement — car enfin, nos notaires, à nous, algériens, doivent-ils être moins éclairés, moins probes, moins exacts, moins concilians que les notaires de France ? — Leurs pouvoirs sont-ils moins étendus, leurs fonctions moins multiples, leurs devoirs moins importants et leurs actes ne sont-ils pas doués des mêmes priviléges, leur constitution favorisée des mêmes prérogatives, des mêmes priviléges, dès lors, pourquoi leurs personnes ne seraient-elles pas soumises aux mêmes conditions, pourquoi leur *charte*, à eux ne serait-elle pas, excepté sur quelques points, de même importance que la charte des notaires français ?

Et qu'on ne nous taxe pas d'exagération ! Tout ce que nous venons de dire s'applique aussi bien aux notaires de Paris, qu'aux notaires d'Alger. Ce n'est que le commentaire et rien de plus de l'exorde de l'exposé des motifs de la loi de ventôse par le conseiller d'Etat Réal. Après avoir représenté au Corps législatif, la Justice ordinaire, la Justice de Paix et la Religion comme les bases inébranlables de la propriété, de la liberté civile, et du repos des familles, il faut, dit-il, « une quatrième institution non moins nécessaires qu'elles, plaçant à côté des magistrats qui jugent ou concilient les différents, et du ministre qui au nom de la divinité, invite les hommes aux sacrifices mutuels et maintien ainsi la concorde, d'autres *fonctionnaires, conseils désintéressés* des parties, aussi bien que rédacteurs impartiaux de leurs volontés, et leurs juges volontaires, leur faisant connaître toute l'étendue des obligations qu'elles contractent, rédigeant les engagements avec clarté, leur donnant le caractère d'un acte authentique et la force d'un jugement en dernier ressort, perpétuant leur souvenir et conservant leur dépôt avec fidélité, empêchant les différents de naître entre les hommes de bonne foi, et enlevant aux hommes cupides, avec l'espoir du succès l'envie d'élever une injuste contestation. »

Et maintenant qu'on songe qu'aux yeux du législateur et de l'opinion publique tant en France qu'en Algérie, le notariat et la magistrature sont deux institutions voisines, parallèles, qu'on nous passe le mot, deux *sœurs* tellement inséparables, qu'on serait tenté de croire qu'en rendant des jugements la première fait ce que fait la seconde en recevant des actes : qu'on songe encore que si les fonctions de juge exigent plus de science et plus d'expérience que celles du notaire, celles-ci demandent peut-être plus de délicatesse et plus de loyauté ; la publicité de l'audience, le contrôle de la barre sauvegardent toujours la probité de l'un, tandis que la probité de l'autre n'a le plus souvent pour toute sauvegarde que le secret d'une conscience intègre. Qu'on songe à ces choses, et on restera convaincu qu'en Algérie comme en France et plus encore qu'en France, le notariat doit être une institution entourée de toutes les garanties propres à l'élever et à la consolider sur la triple base de l'estime, du respect et de la confiance !

Nous n'avons pas tout dit : mais nous croyons en avoir dit assez pour pouvoir affirmer que le notariat algérien, soit qu'on l'étudie dans son passé, soit qu'on l'examine dans son présent peut également entrer dans la suprême phase de son développement, et devenir l'*égal* du notariat français.

Il est digne, il est capable de l'être, *digne* par sa probité et par sa délicatesse, par ses habitudes, par ses mœurs, par ses traditions, par ses aspirations, par ses tendances ; *capable* par ses études, par sa pratique, par son expérience. Digne et capable, que lui faut-il de plus pour obtenir l'honneur et la récompense d'être placé au même rang, considéré et organisé de la même façon que le notariat de France ?

Ce qu'il lui faut, c'est d'être apprécié avec calme, avec impartialité, sans préjugé, comme sans prévention, au véritable point de vue de ses intérêts particuliers et des besoins publics de l'Algérie, c'est d'être compté au nombre des institutions les mieux faites pour accélérer le mouvement qui pousse l'Algérie vers de meilleures destinées, c'est d'être compris parmi les éléments les plus essentiels et les plus puissants instruments de l'assimilation de l'Algérie avec la France, c'est en d'autres termes, d'être *légalement* ce qu'il est *moralement*, une fonction publique, indépendante, permanente, irrévocable, c'est d'être en Algérie ce qu'il est en France : une institution estimée, honorée, respectée comme mérite de l'être l'une des institutions les plus nécessaires, les plus honorables et les plus importantes de la société, parce que sur elle reposent comme sur leur plus solide fondement, la garantie des propriétés, la sanction des engagements, l'avenir des citoyens, la tranquillité publique, la clé de voûte de l'ordre social : c'est enfin, et pour tout dire en un seul mot, c'est, notariat algérien jusqu'ici, d'être à l'avenir notariat français !

FIN.

Alger. — Imp. Ed. Balme & C°.

Documents manquants (pages, cahiers...)
NF Z 43-120-13